I0479481

THIS BELONGS
TO :

____

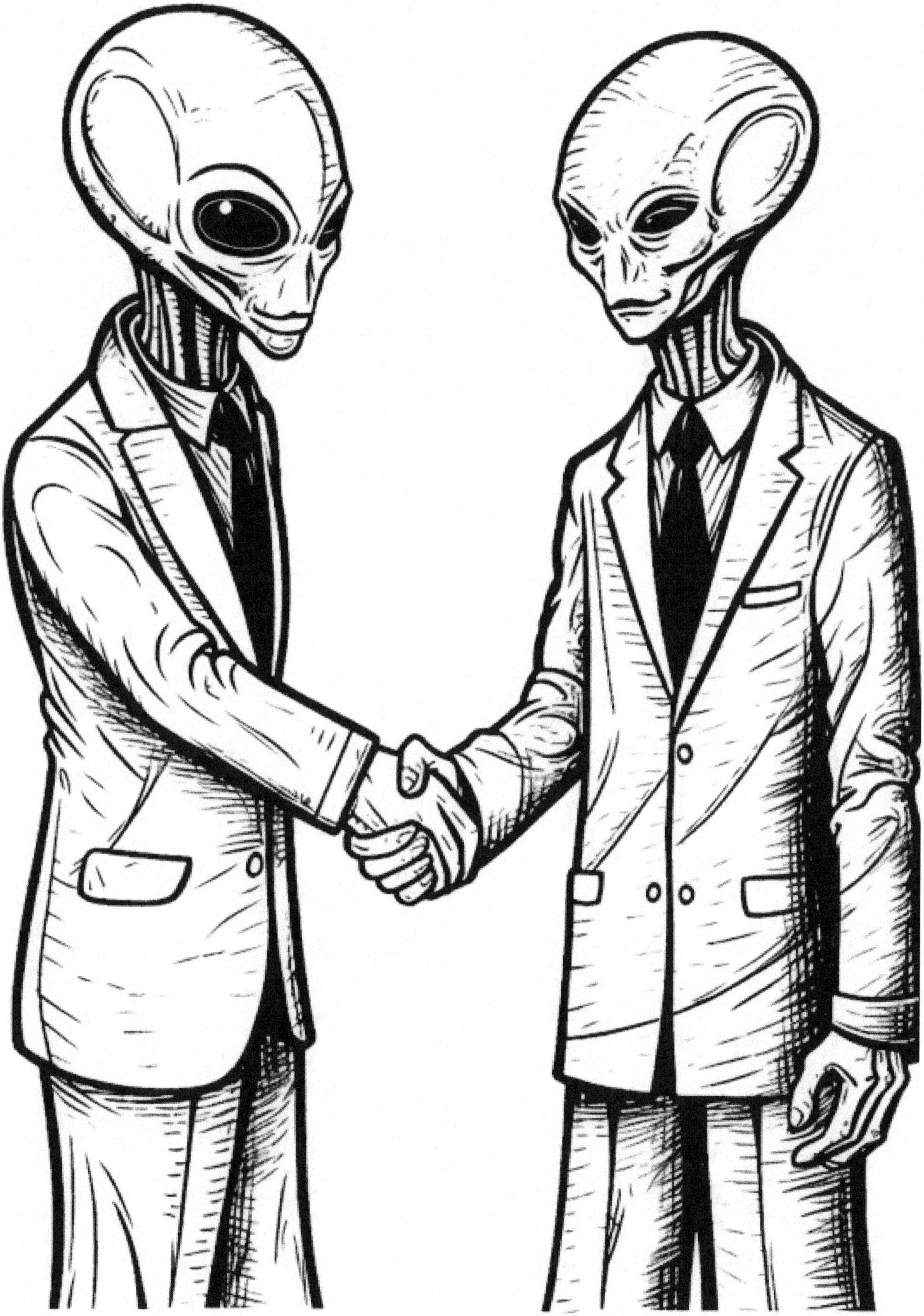

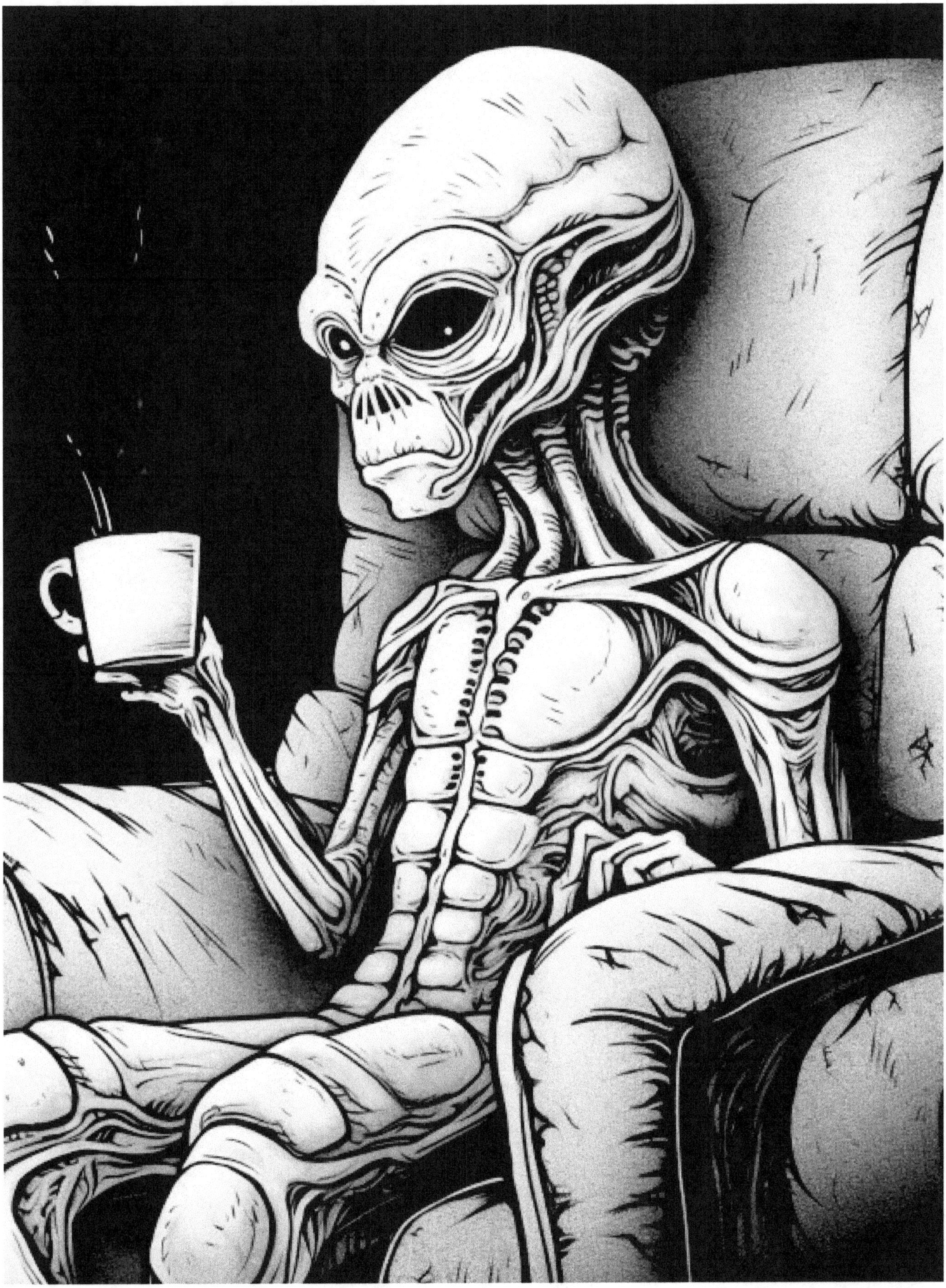

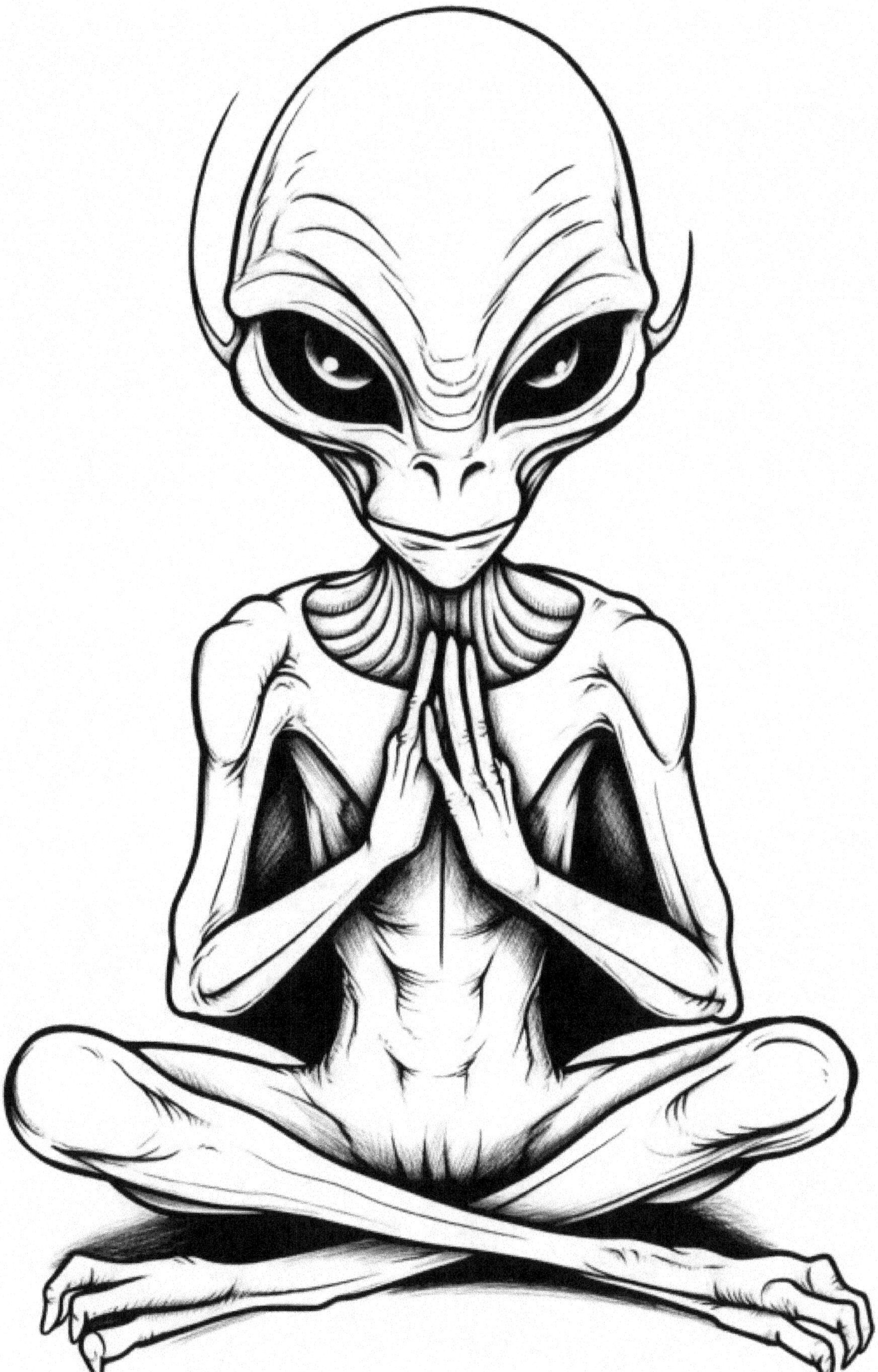

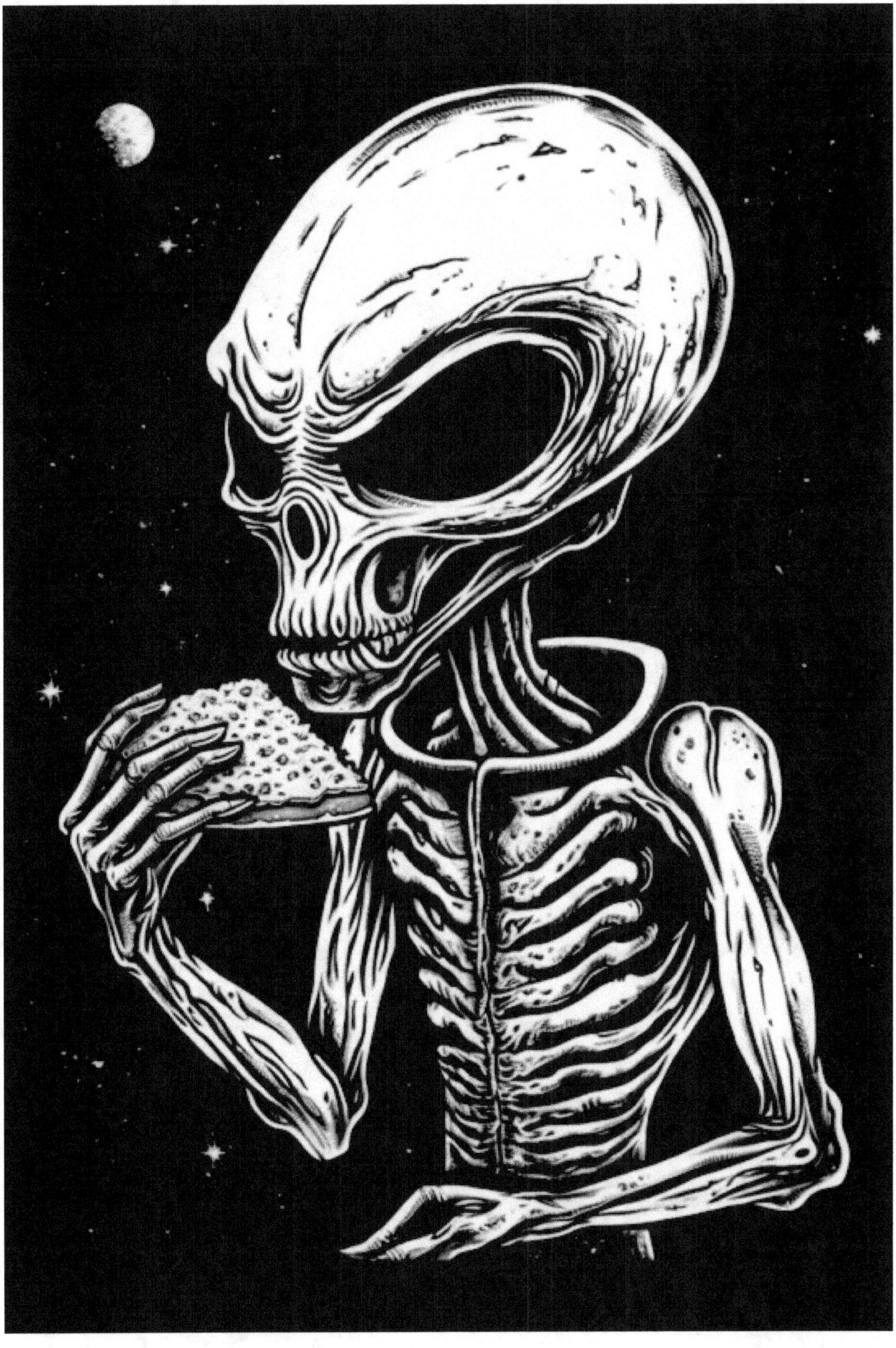

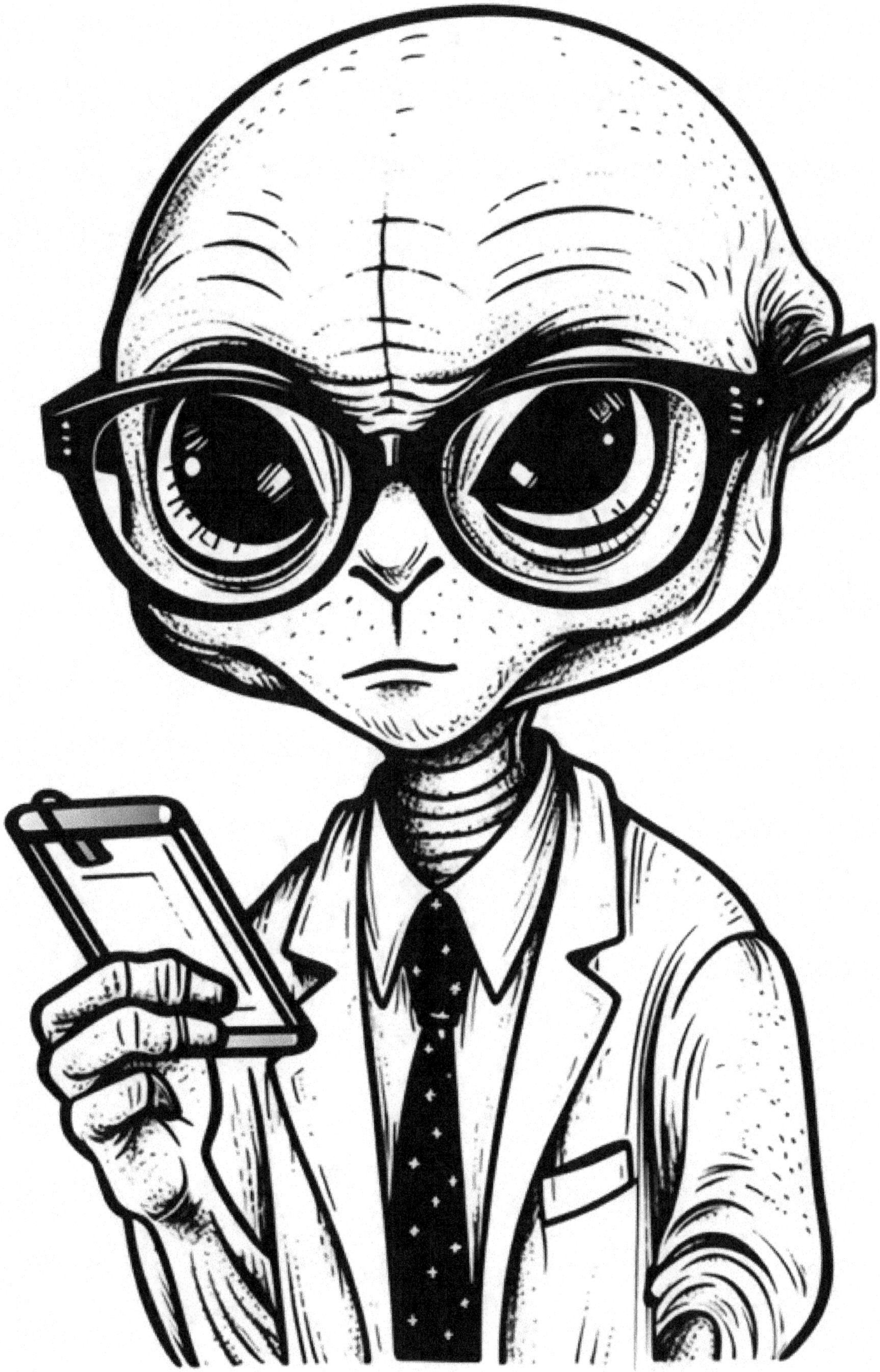

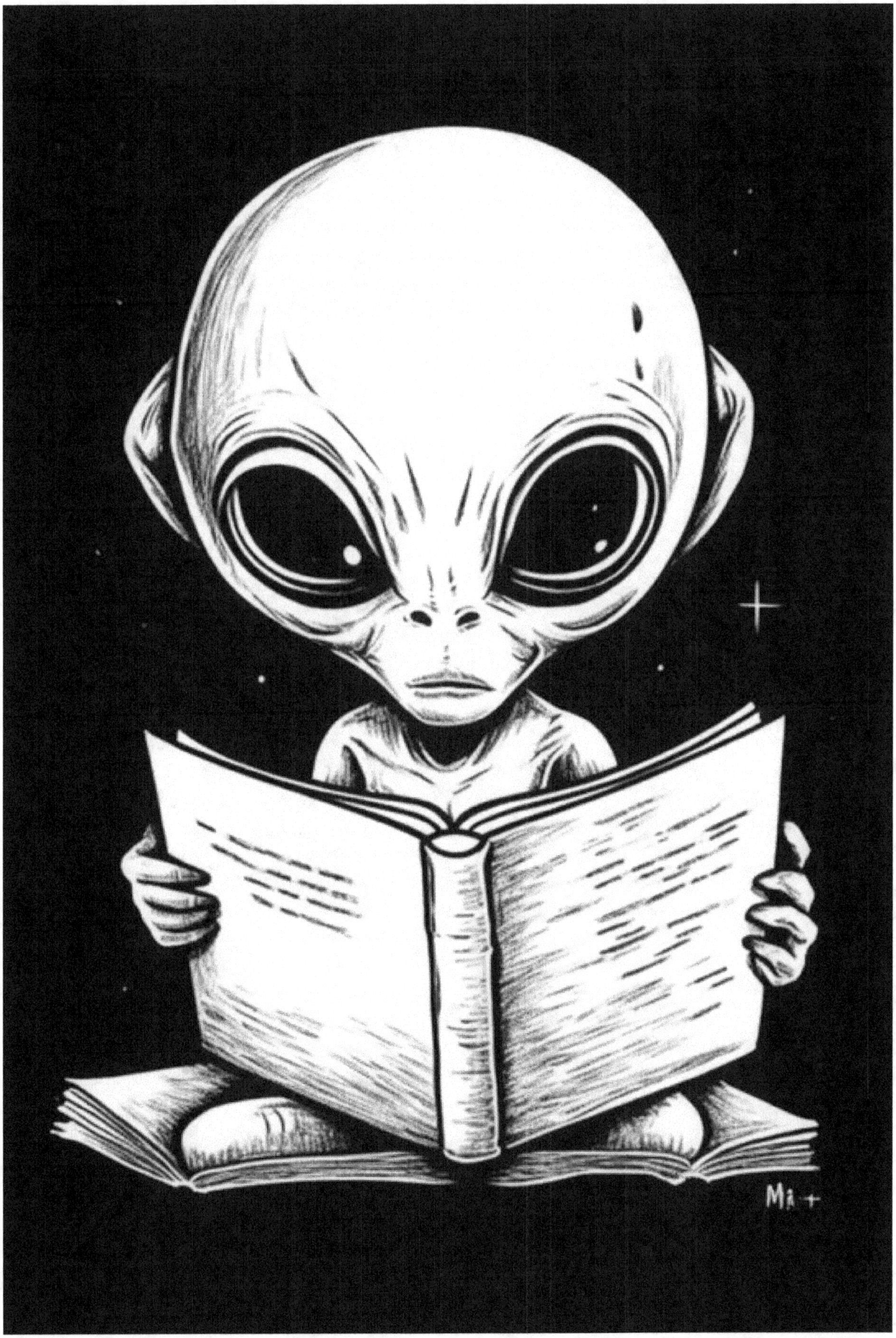

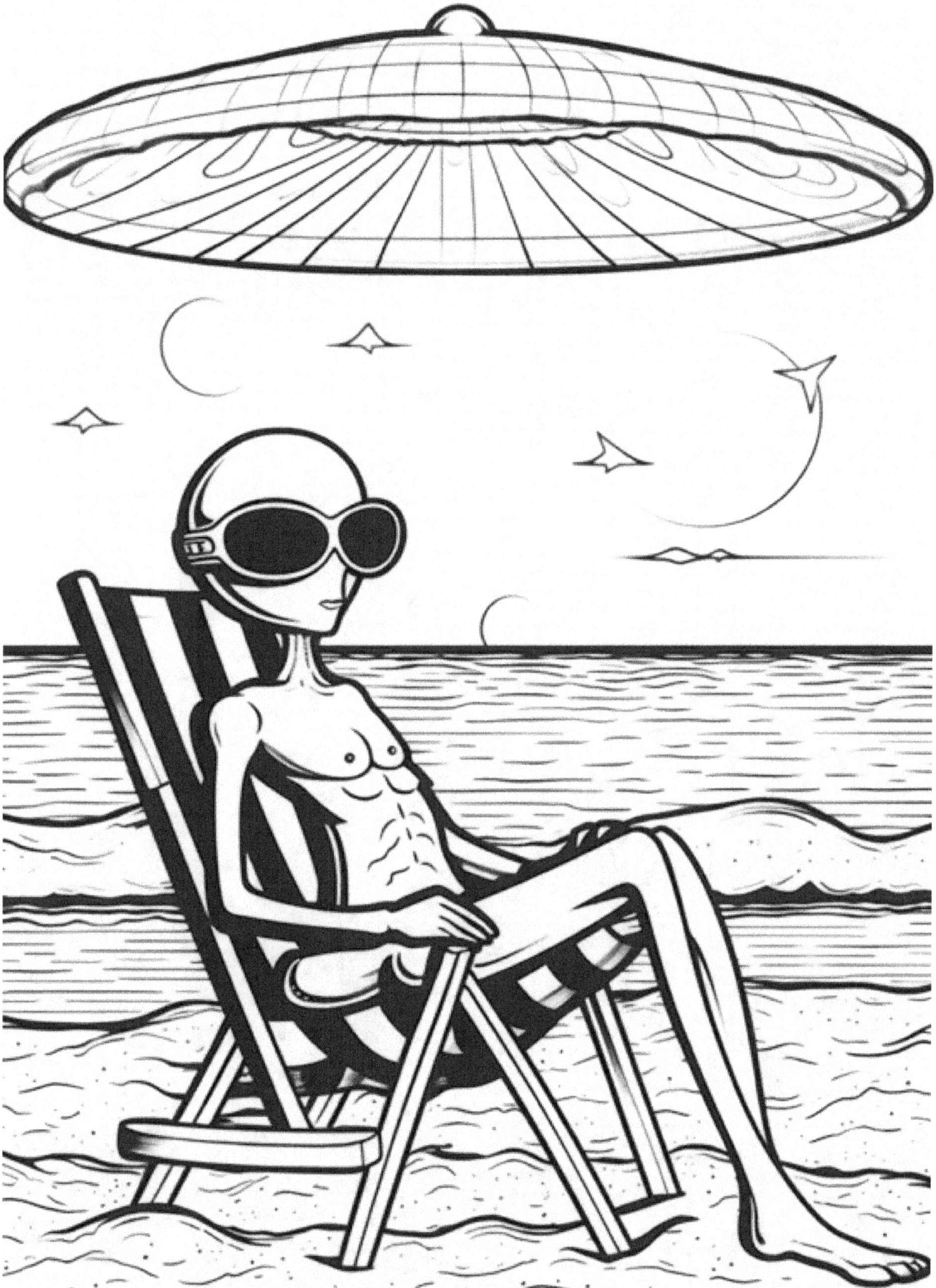

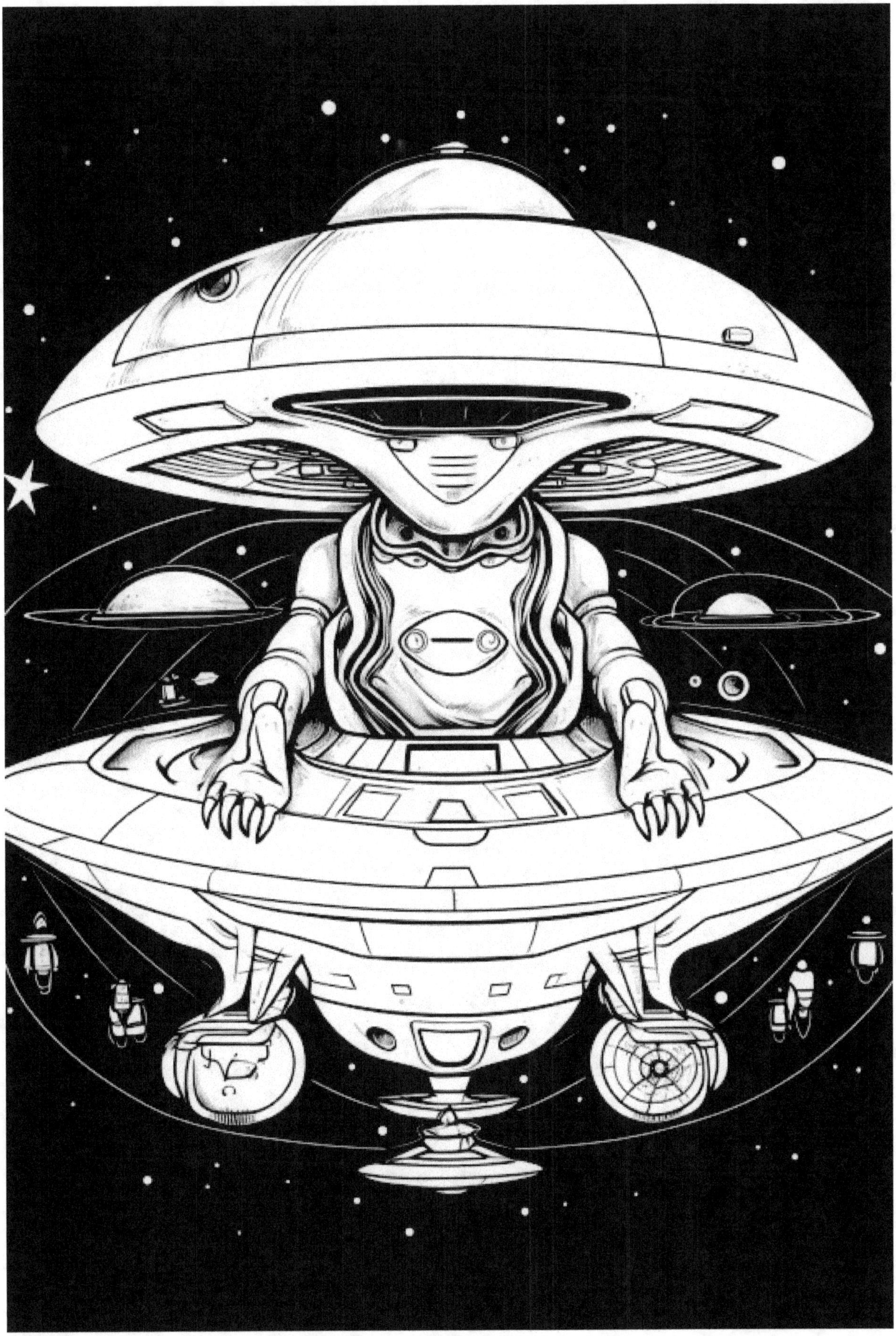

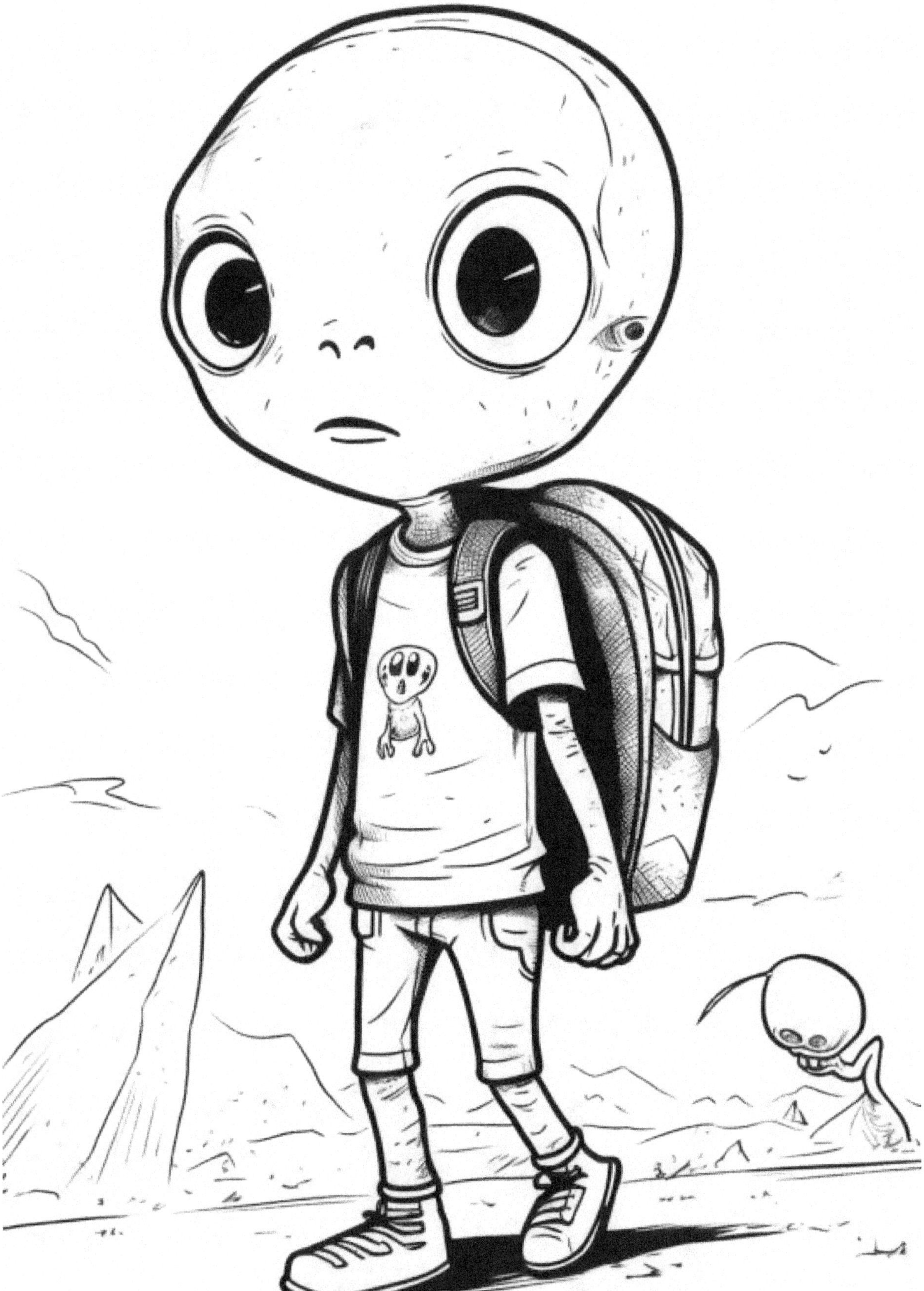

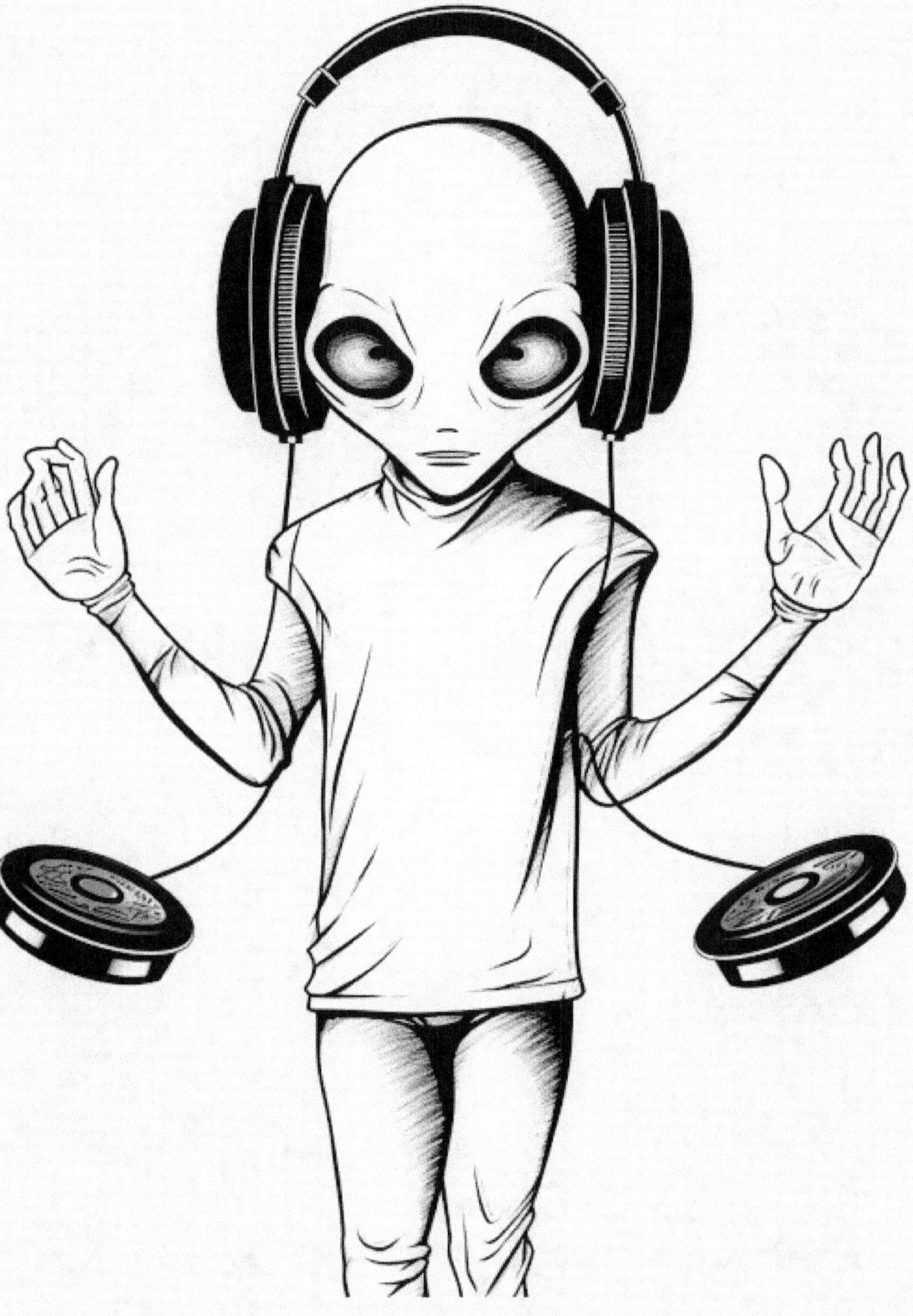

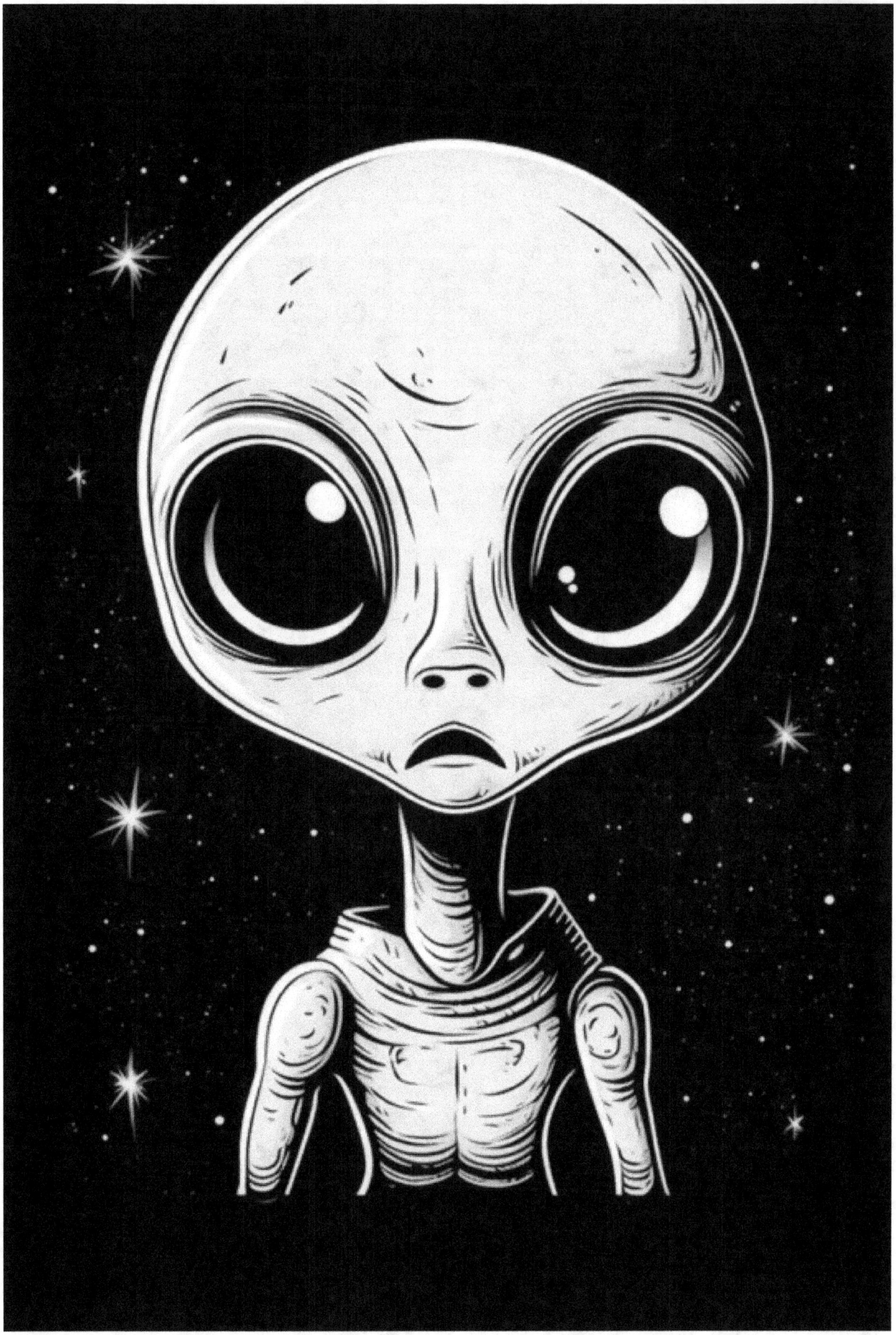

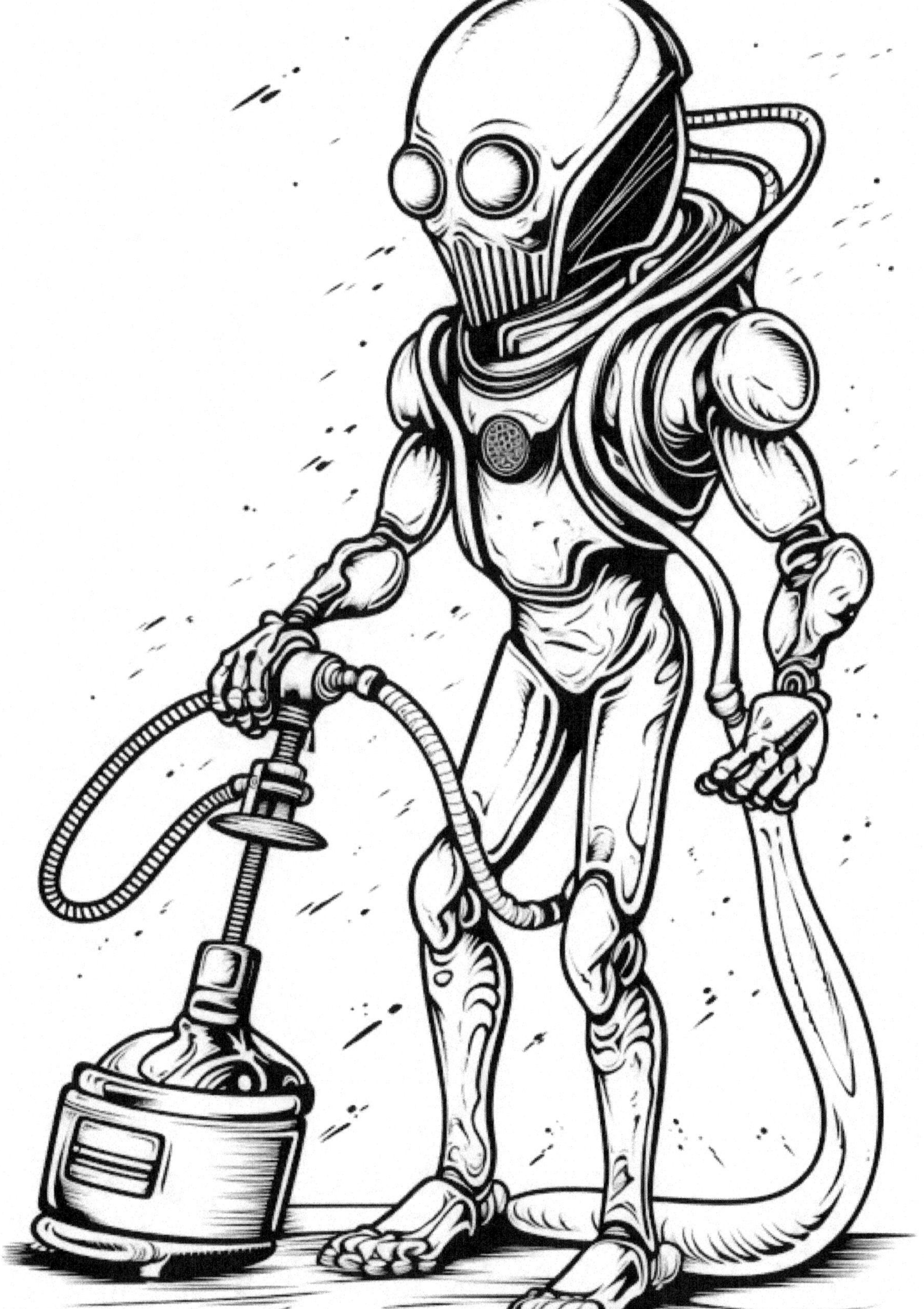

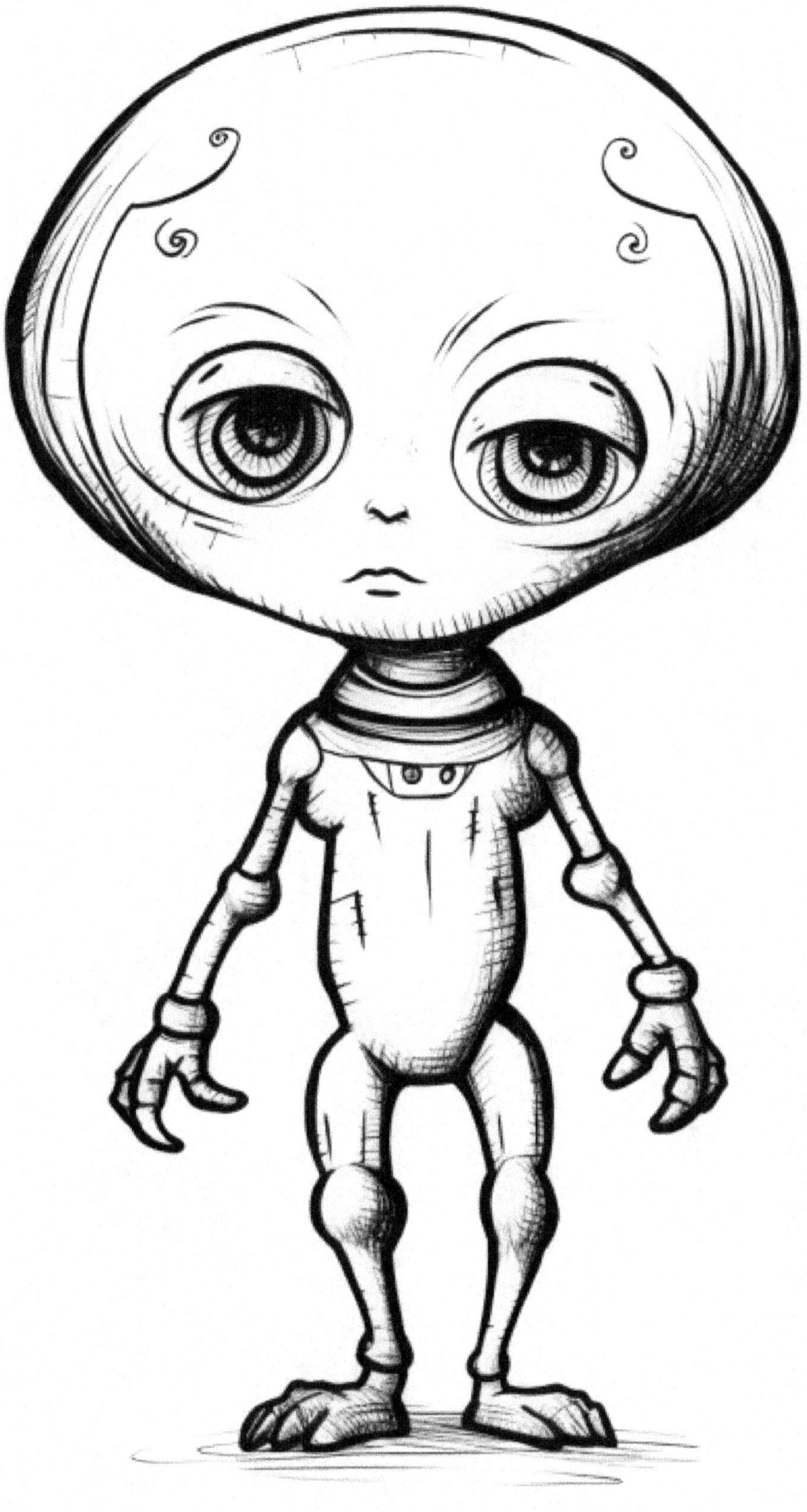

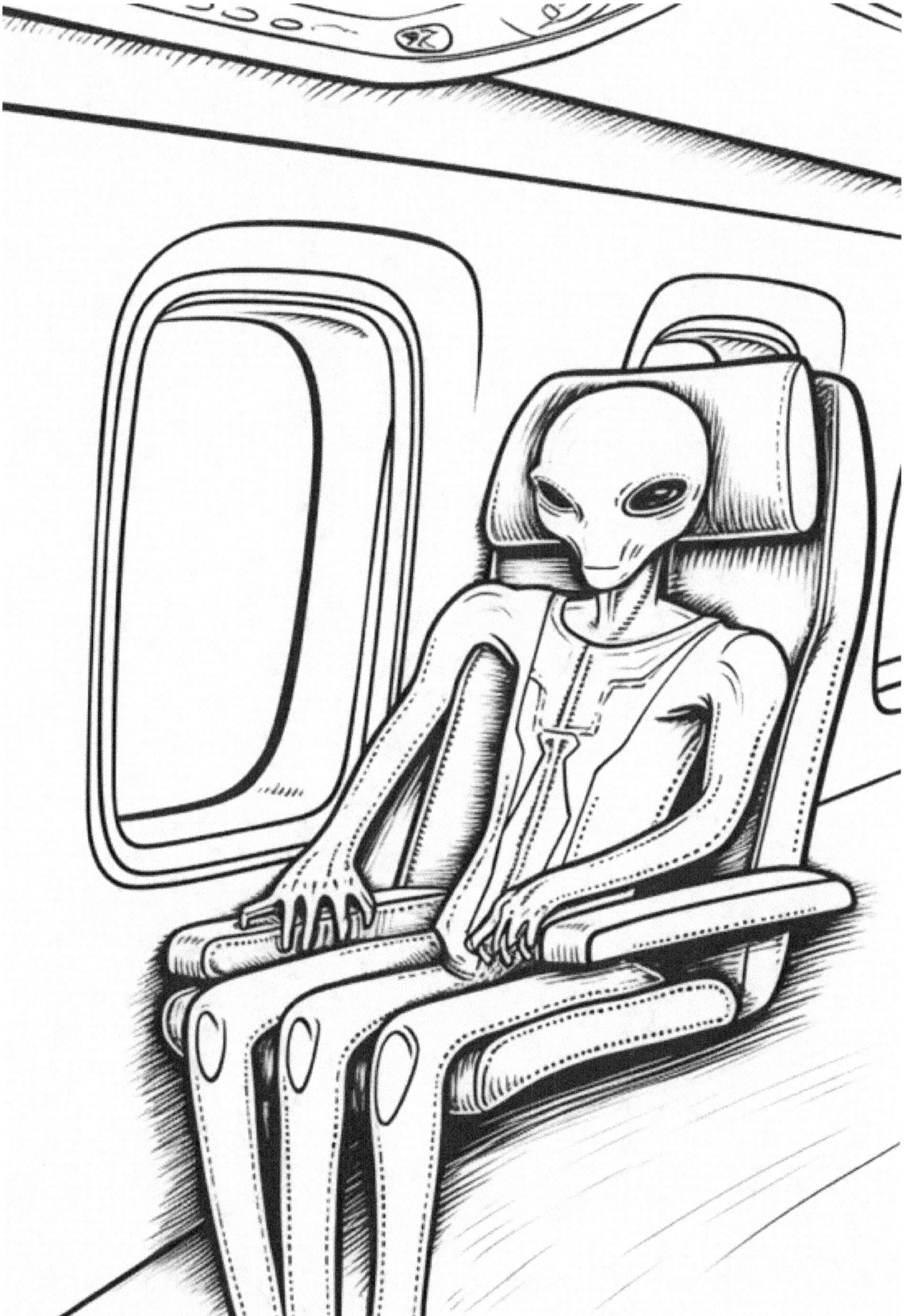

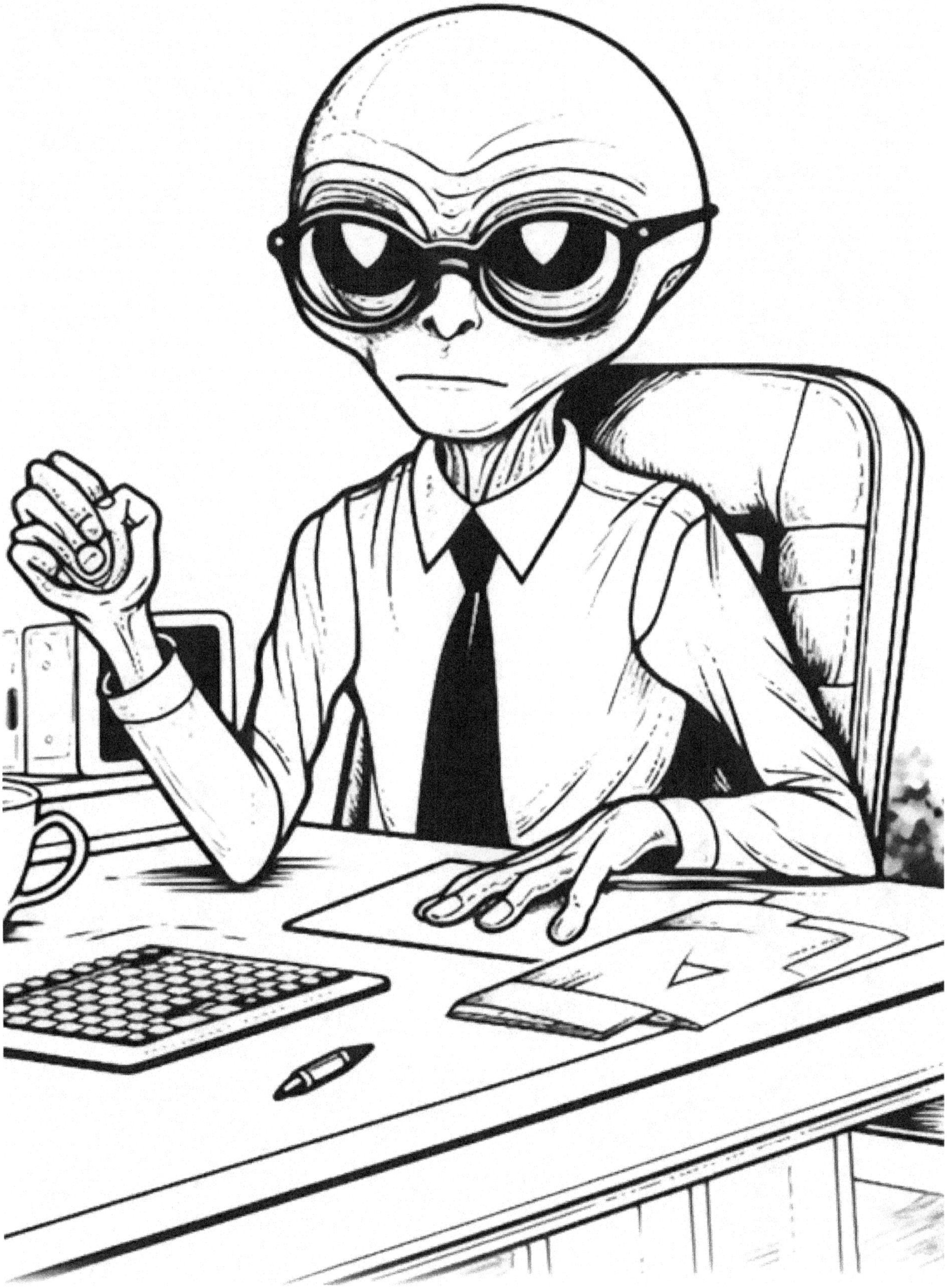

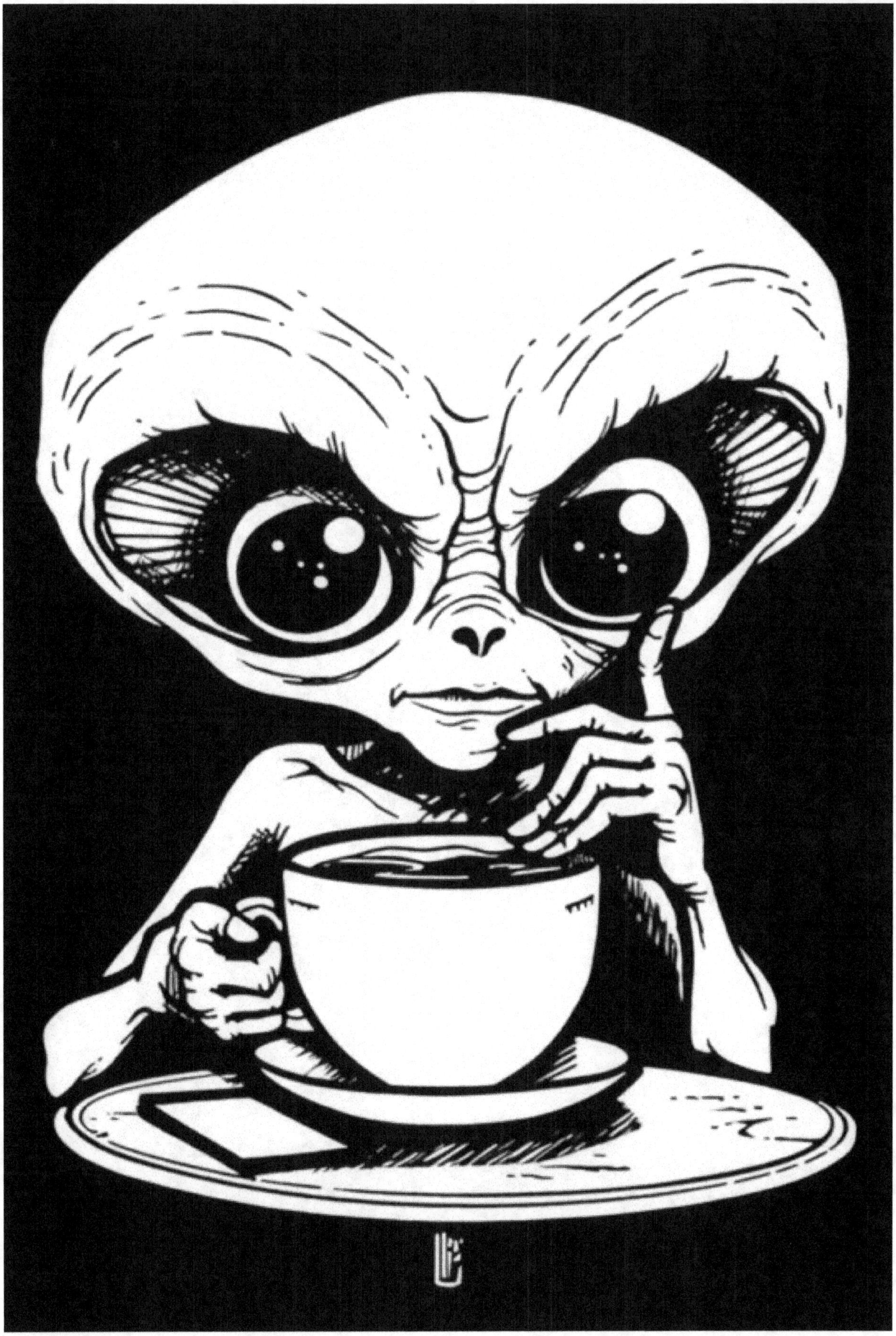

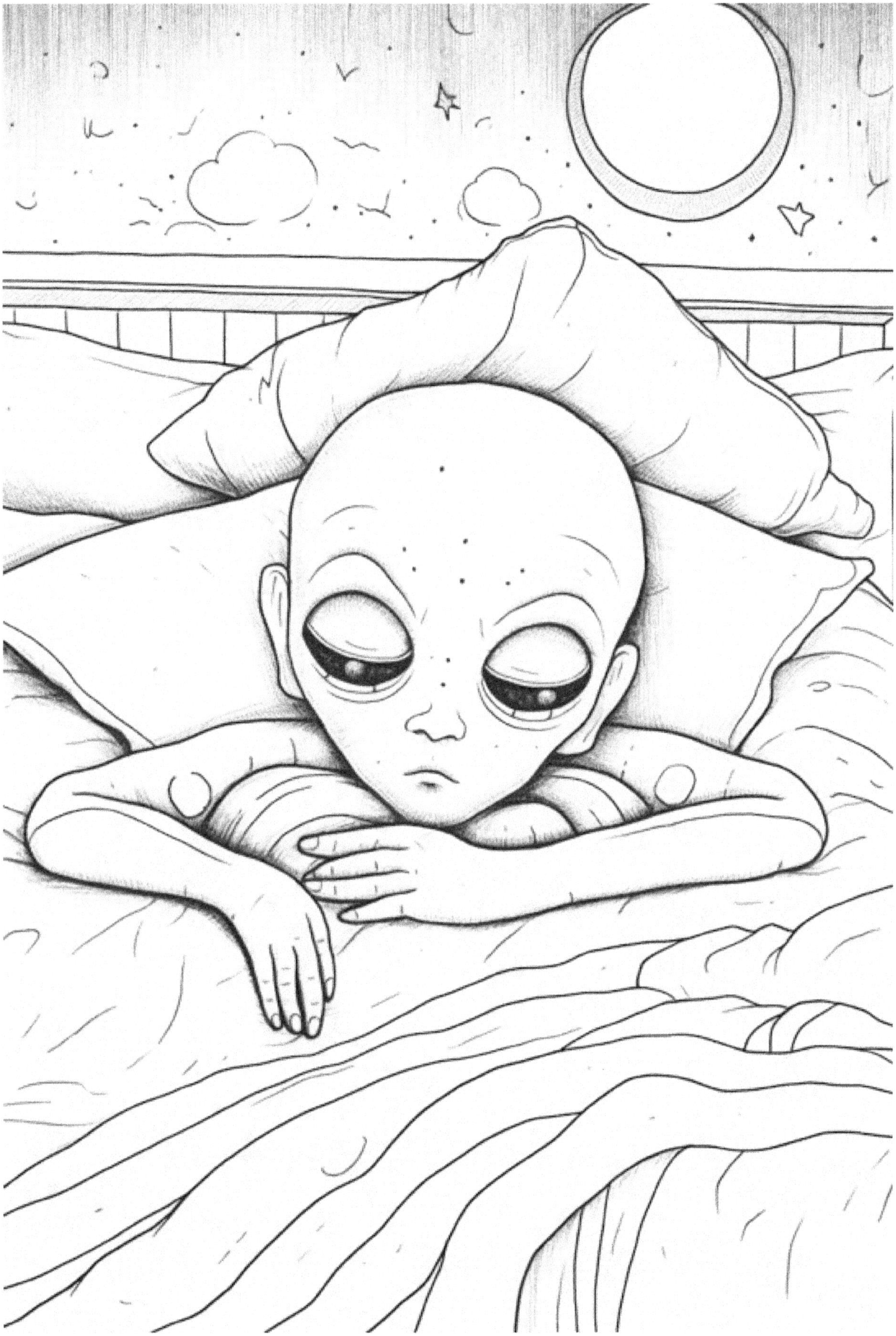

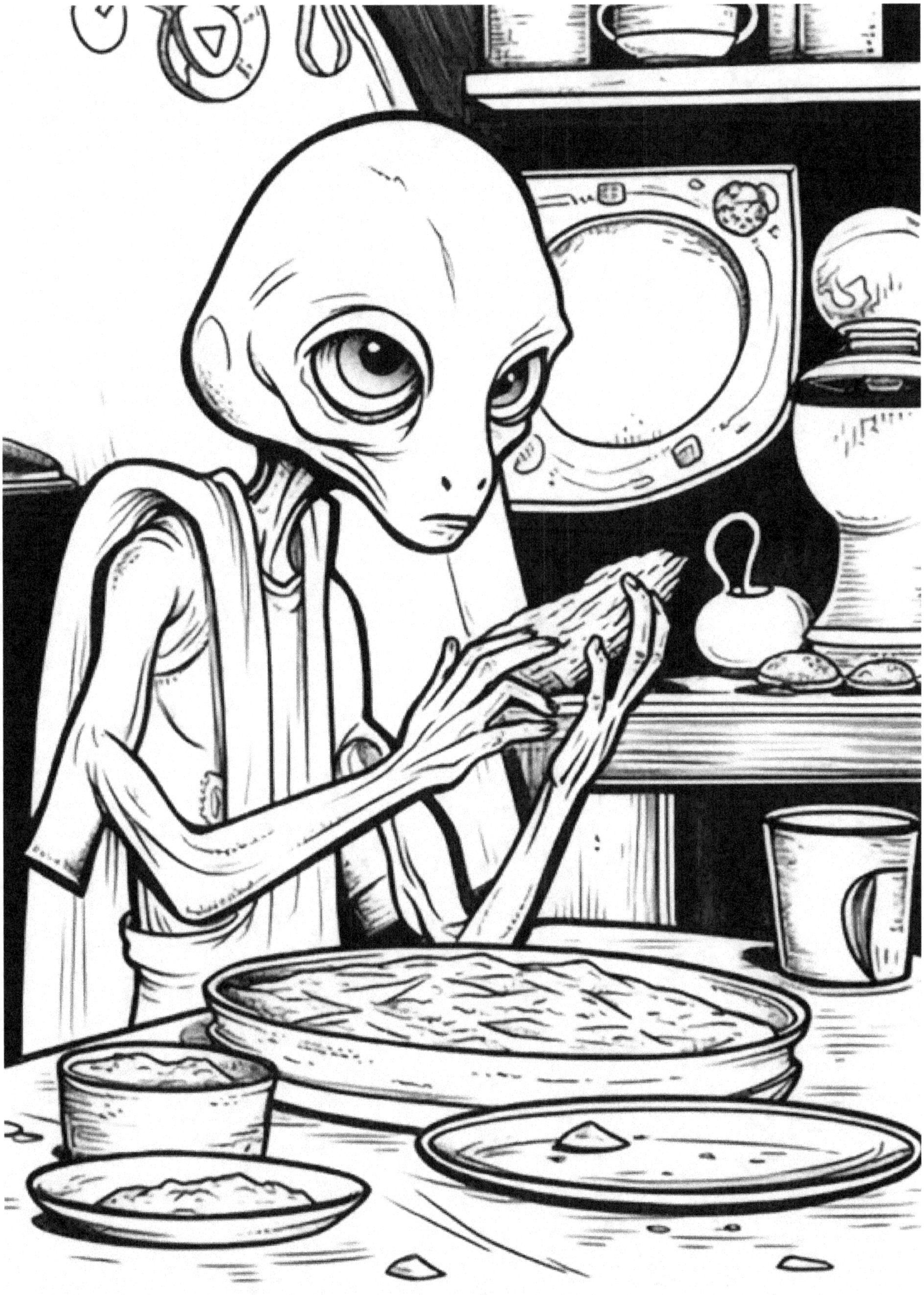

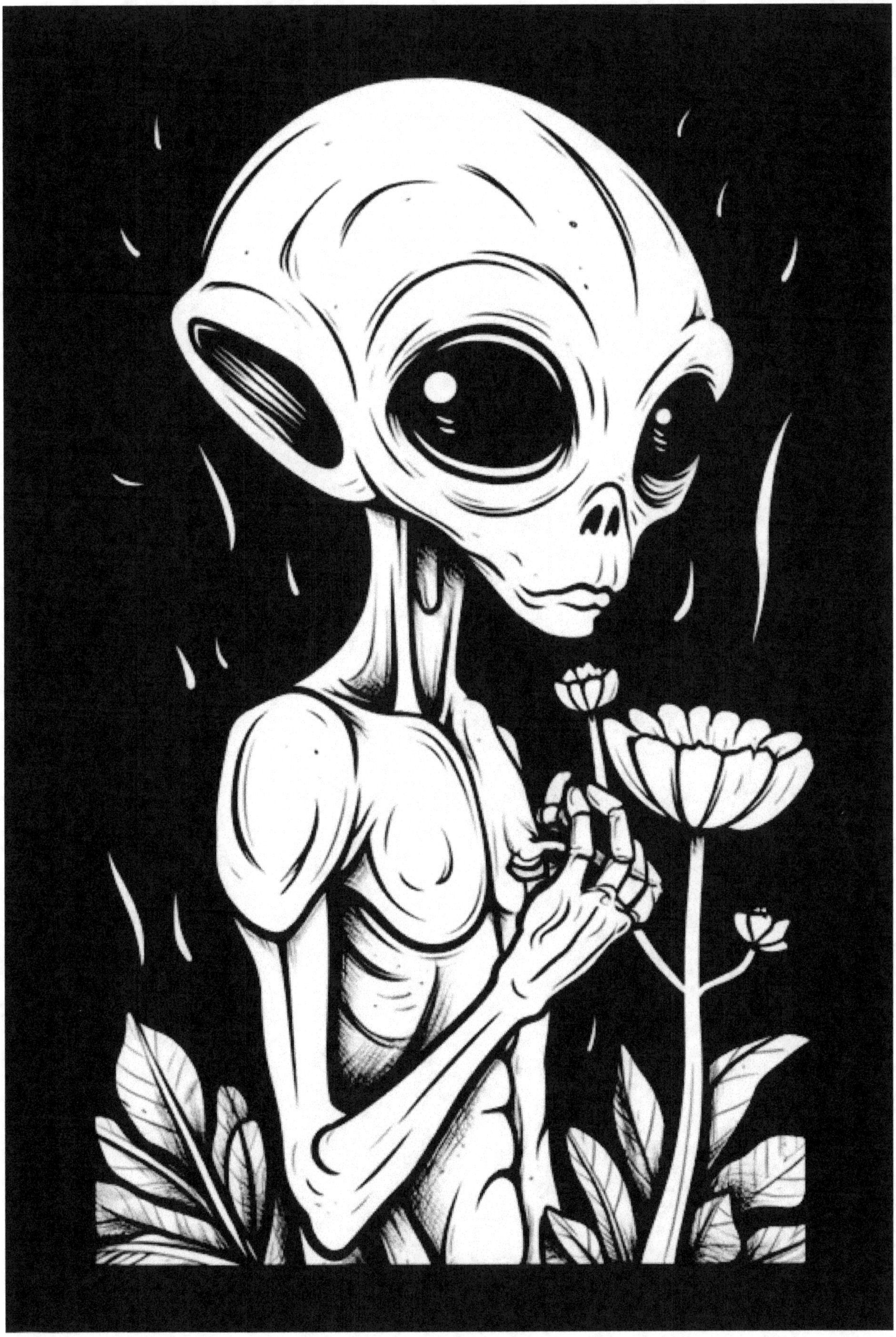

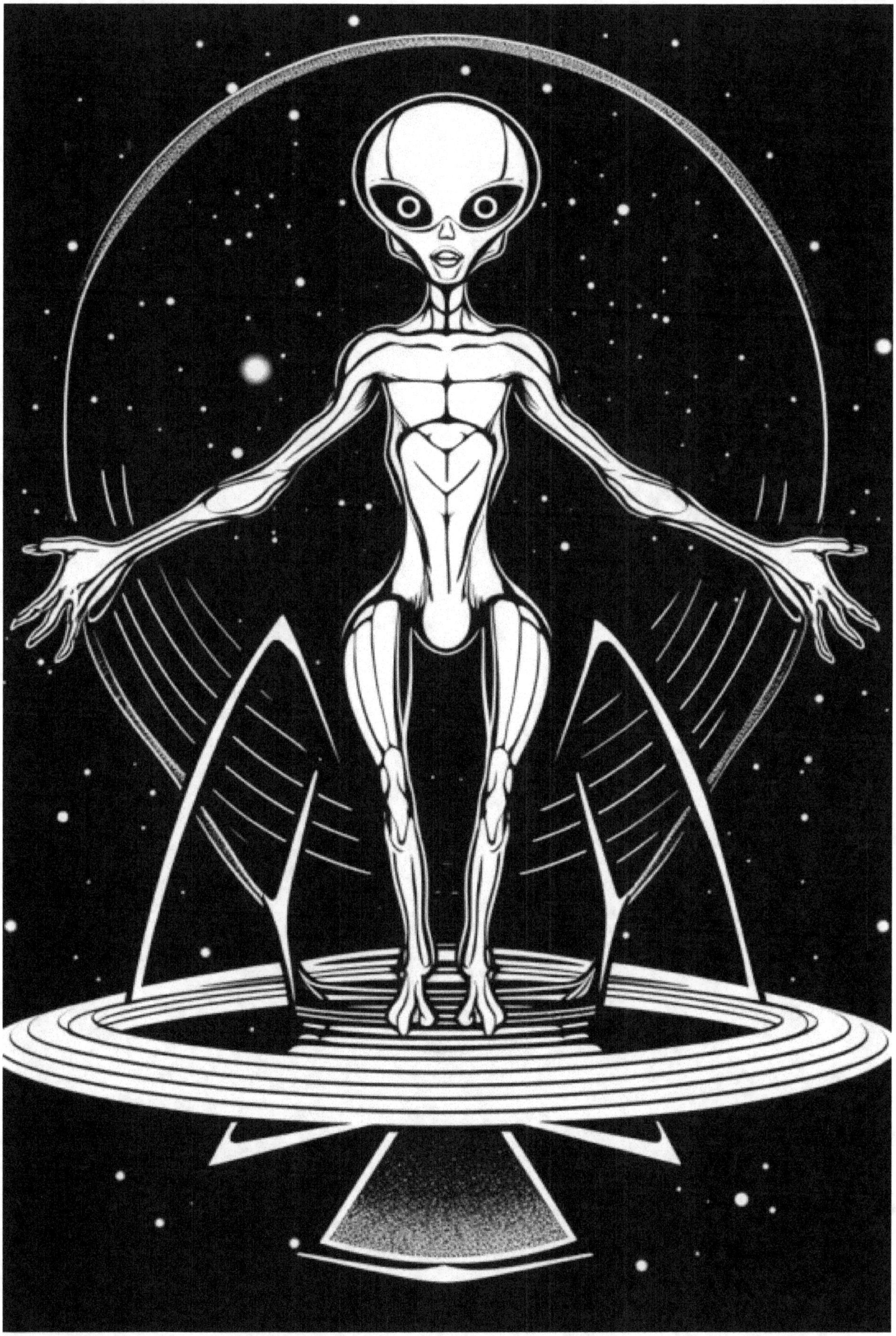

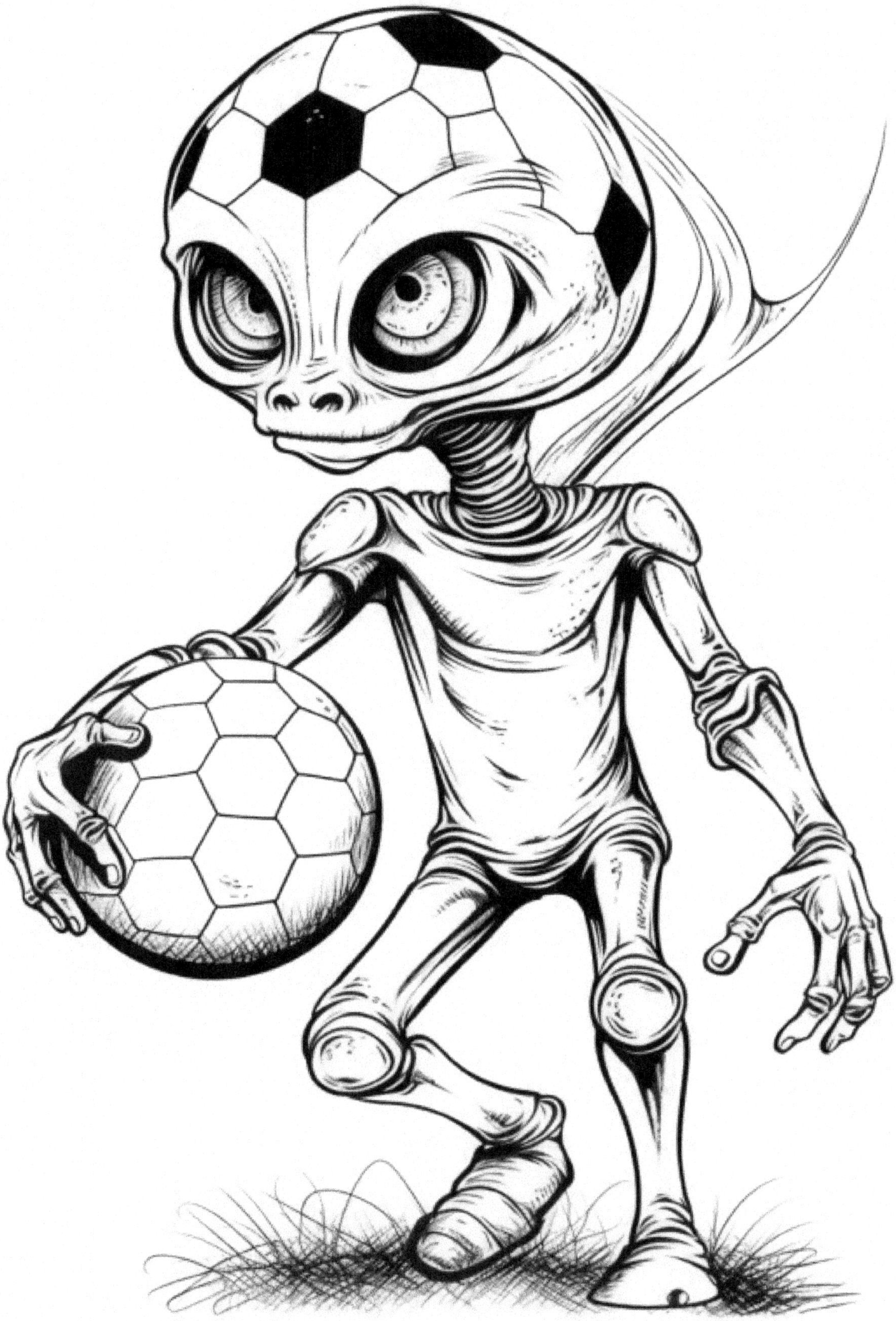

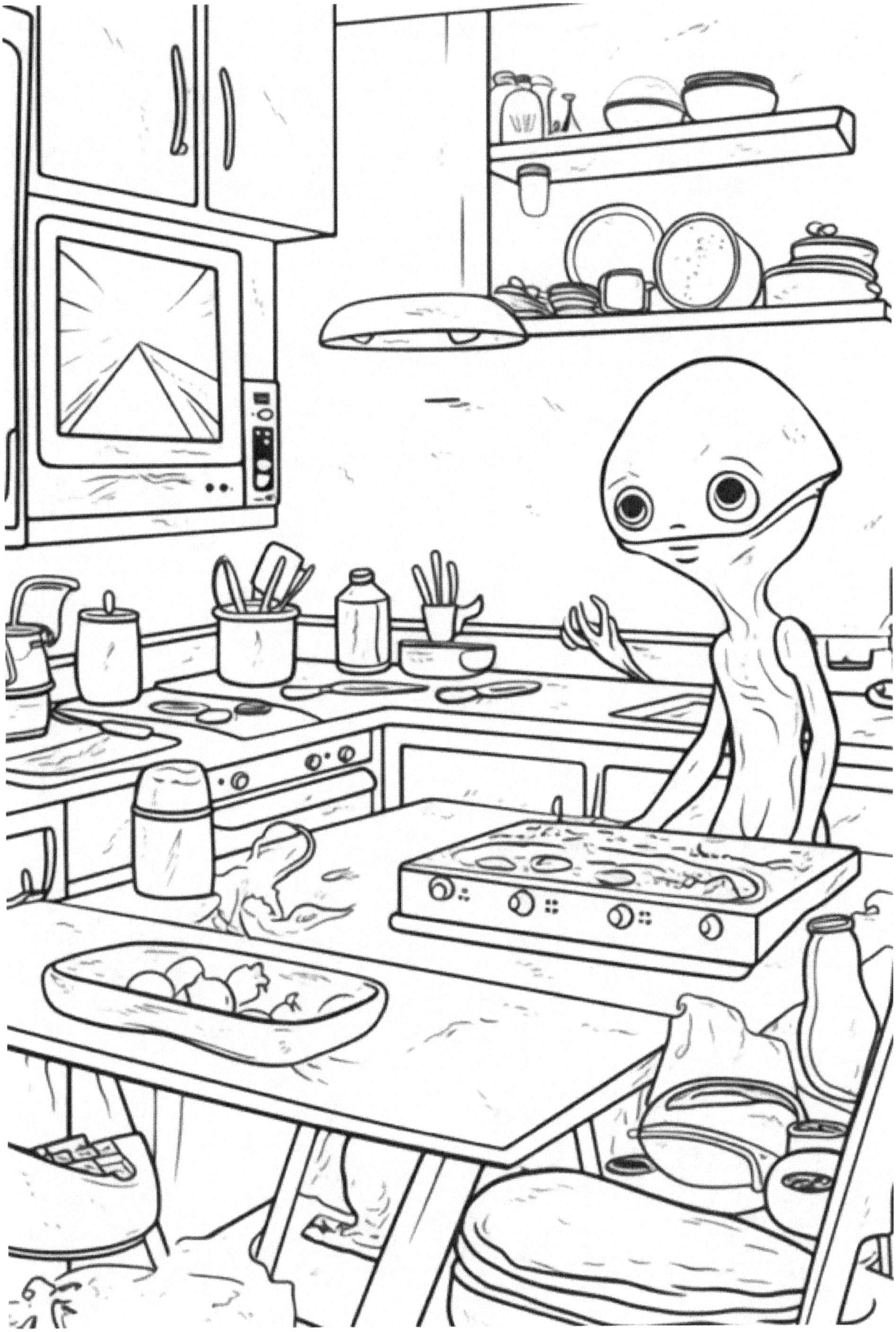

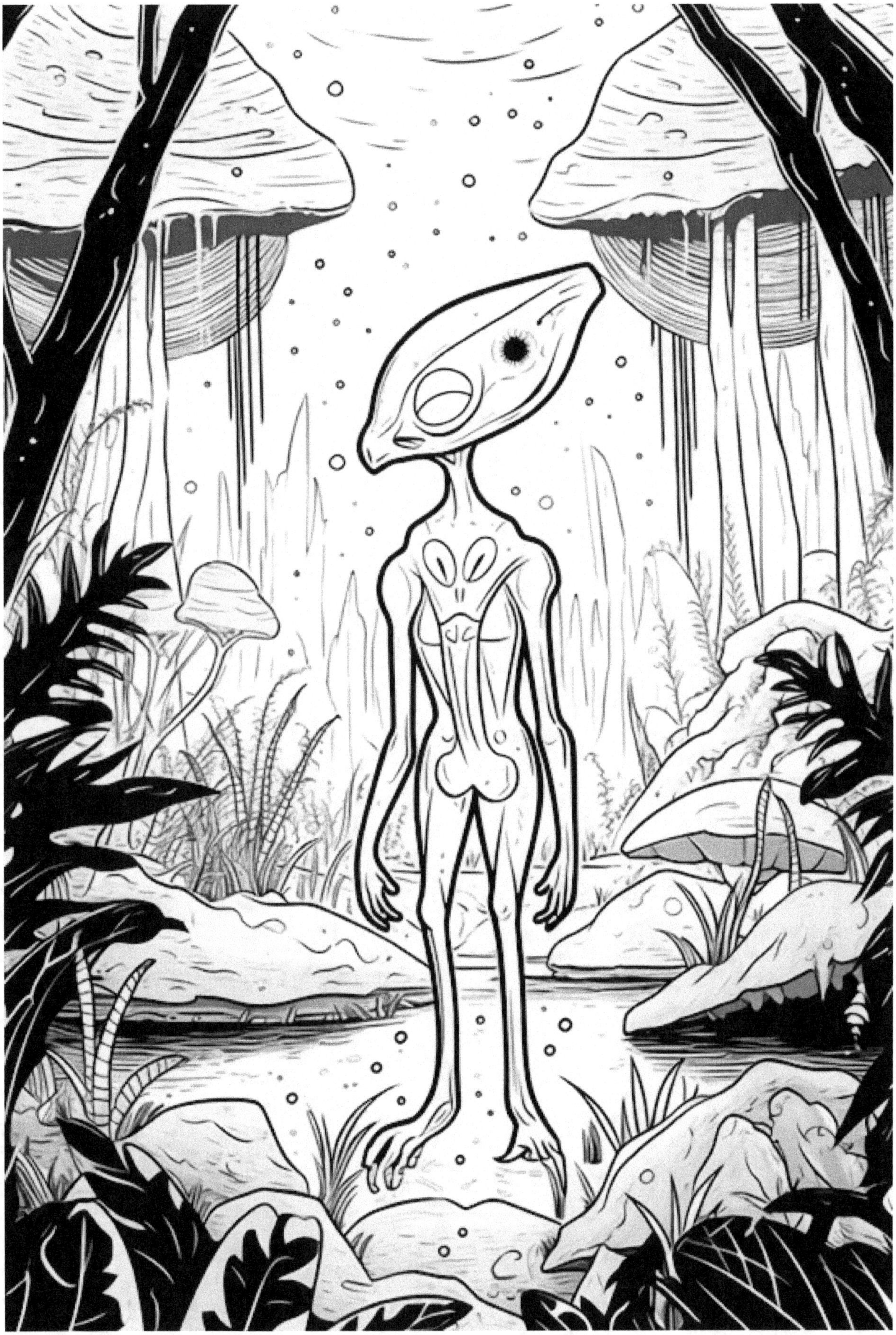

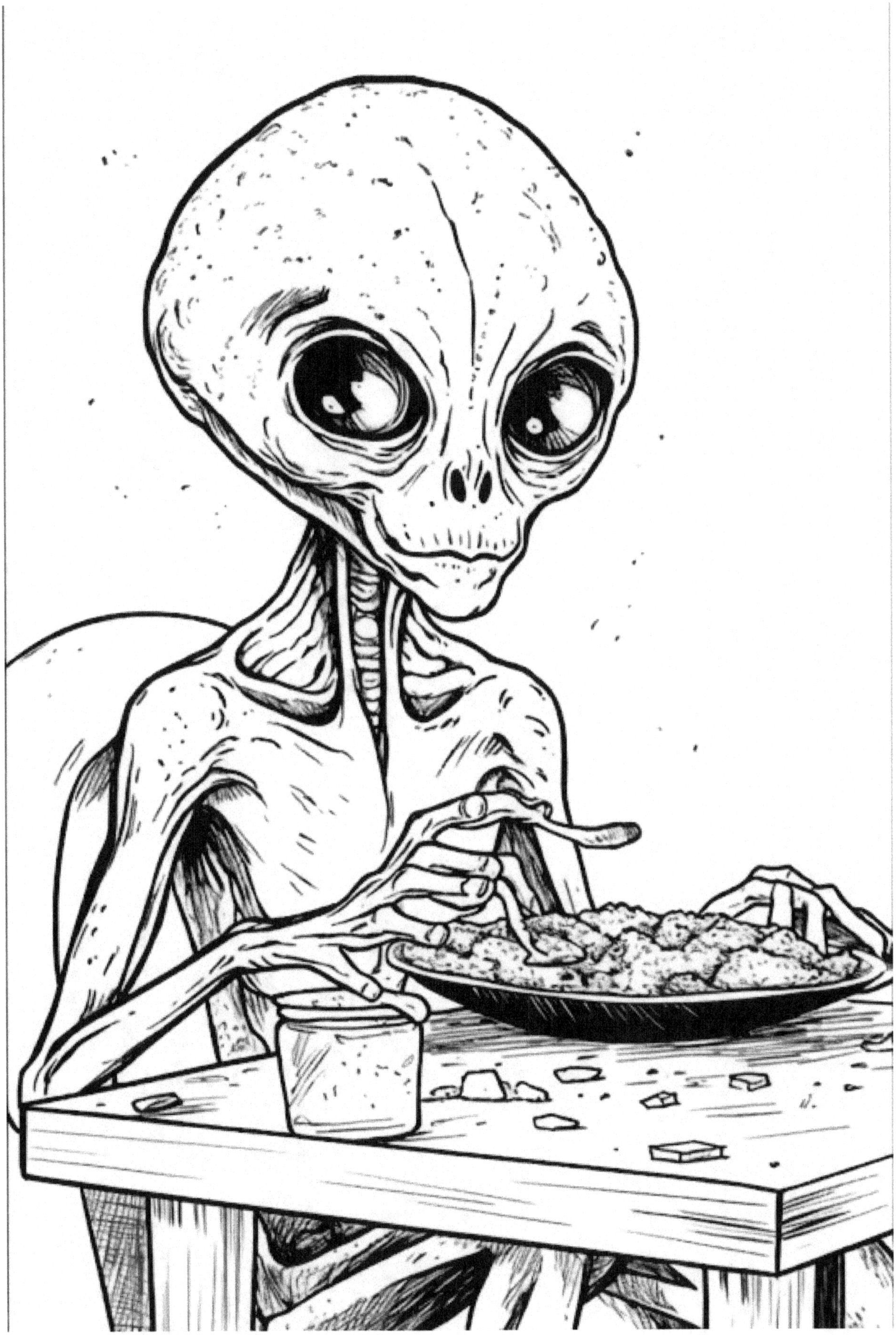

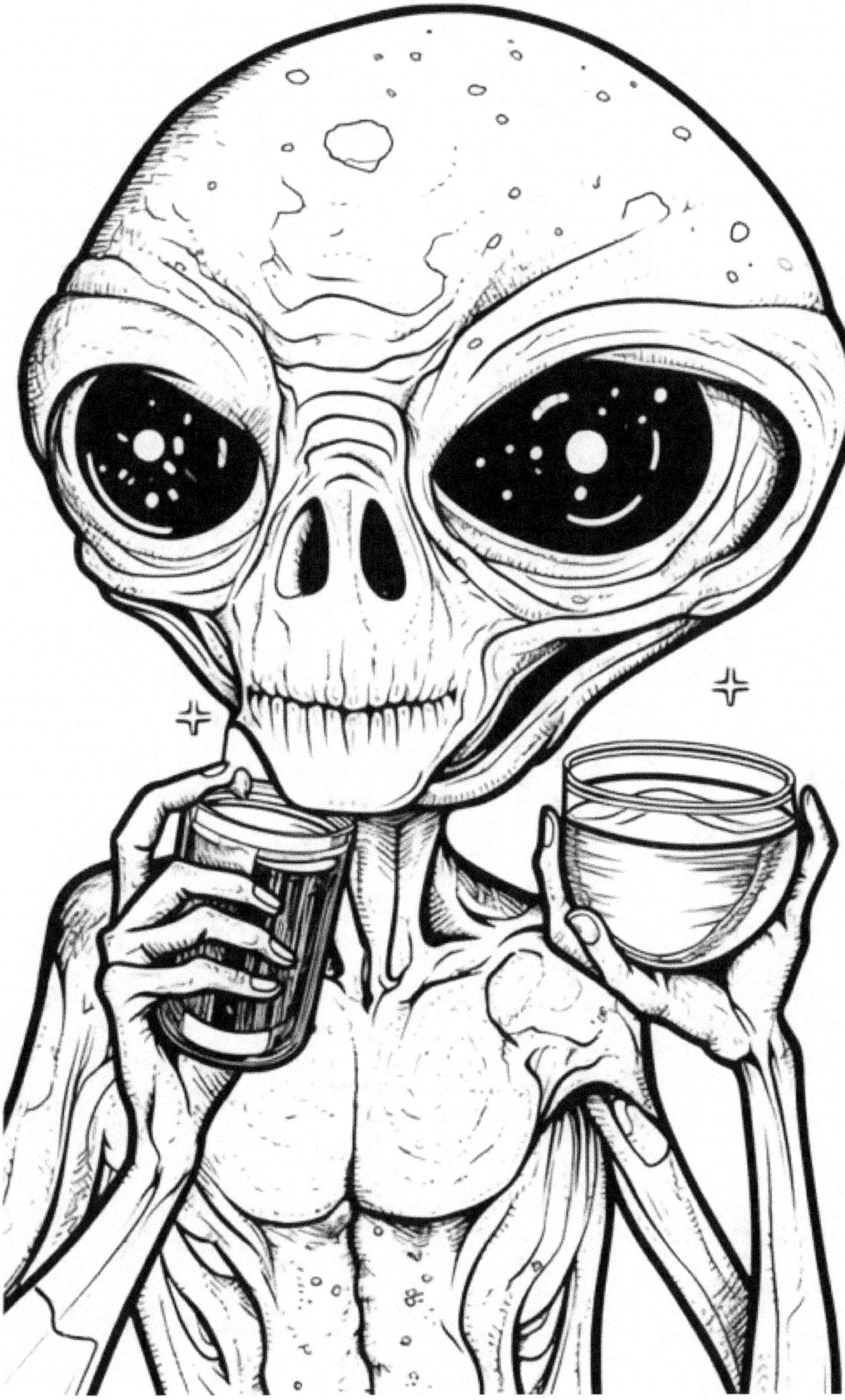

www.ingramcontent.com/pod-product-compliance
Lightning Source LLC
Chambersburg PA
CBHW062011220526
45467CB00032BA/2717
* 9 7 9 8 3 8 9 4 5 0 2 0 2 *